READING POWER
En Español

El transporte ayer y hoy

Trenes del pasado

Mark Beyer

The Rosen Publishing Group's
Editorial Buenas Letras™
New York

Published in 2003 by The Rosen Publishing Group, Inc.
29 East 21st Street, New York, NY 10010

First Edition in Spanish 2003
First Edition in English 2002

Book Design: Christopher Logan

Photo Credits: Cover, p.13 (inset), 18–19 © Bettmann/Corbis; pp. 4–5 © Courtesy of The B&O Railroad Museum, Inc.; p. 6–7 © Underwood & Underwood/Corbis; p. 8–9 © Cumbres and Toltec Railroad/AP Wide World Photos; p. 9 (inset) © Jim Sugar photography/Corbis; pp.10–11, 14–15, 17 © Minnesota Historical Society/Corbis; pp. 12–13 © Milepost 921/2 /Corbis; p. 20 © Christopher Logan; p. 21 (top) © Bob Krist/Corbis; p. 21 (bottom) © David Samuel Robbins/Corbis

Beyer, Mark.
   Trenes del pasado / por Mark Beyer; traducción al español: Spanish Educational Publishing
   p. cm. – (El transporte ayer y hoy)
   Includes bibliographical references and index.
   ISBN 0-8239-6852-9 (library binding)
   1. Railroads-Trains-History-Juvenile literature. [1. Railroads-Trains-History.
   2. Spanish Language Materials.] I. Title.

TF550 .B49 2001
625.1'0973-dc21
                                    2001000653

Manufactured in the United States of America

Contenido

Los primeros trenes   4

Un viaje en tren   14

Mejores trenes   18

Glosario   22

Recursos   23

Índice/Número de
    palabras   24

Nota   24

Los primeros trenes

El primer tren de los Estados Unidos se construyó en los años 1820.

Rieles

Este tren de 1830 tenía un solo vagón.
Un caballo lo tiraba por rieles de hierro.

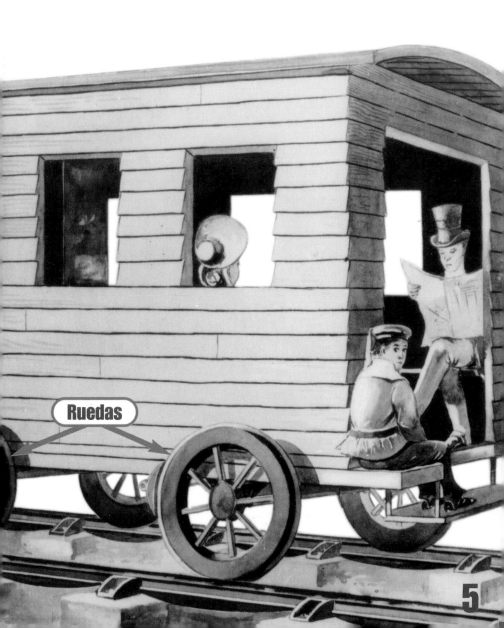

Ruedas

En 1832 se construyó el tren *Atlantic*.
Tenía una locomotora de vapor
y llevaba dos vagones de pasajeros.

Locomotora de vapor

La locomotora del *Atlantic*
hervía agua y producía vapor.
El vapor movía unas barras
que hacían girar las ruedas.
Así se movía el tren.

Vagones de pasajeros

Tanque de agua

En los años 1860 las locomotoras
de vapor eran grandes y potentes.
Paraban a llenar sus grandes tanques
de agua y llevaban muchos vagones.

El maquinista conducía el tren.
El fogonero quemaba leña
o carbón para producir vapor.

Por todo el país se construyeron vías de ferrocarril. Los trabajadores primero ponían madera y encima tendían los rieles de acero.

Durmientes de madera

A veces era necesario perforar rocas para colocar las vías.

Los trenes cargaban piedras y carbón.
Las piedras servían para construir.
El carbón servía para calentar casas.

Piedras y carbón

Unos trenes sólo llevaban pasajeros.
Iban de una ciudad a otra.

Pasajeros

Un viaje en tren

En 1920, las locomotoras eran el doble de grandes. Podían tirar 10 vagones a 50 millas (80.4 km) por hora.

El tren era el mejor medio
de transporte en esa época.
Muchas familias viajaban en tren
de punta a punta del país.

El viaje en tren era cómodo.
En un viaje largo se podía comer
en el coche comedor y ver el paisaje.

Mejores trenes

A finales de los años 1940, una nueva locomotora diesel reemplazó a la locomotora de vapor. Los trenes diesel viajan muy rápido.

Estos trenes usan combustible diesel.
No ensucian el aire como los trenes
que quemaban madera o carbón.

Unos trenes, como el metro,
funcionan con electricidad.
Nos llevan al trabajo.

El tren se ha usado desde hace más de cien años.

Glosario

diesel (el) combustible que usan los motores de trenes y camiones

fogonero (el) persona que ponía carbón o madera en un horno que hervía agua para la locomotora de vapor

locomotora de vapor (la) motor de tren que usa vapor para mover barras de metal conectadas a las ruedas

maquinista (el, la) persona que maneja el tren

metro (el) tren subterráneo de pasajeros

rieles (los) barras de hierro o de acero sobre los que se mueven los trenes

Recursos

Libros

Ultimate Train
Peter Herring
Dorling Kindersley Publishing (2000)

Trains of the Old West
Brian Solomon
Barnes & Noble Books (1997)

Sitios web

Debido a las constantes modificaciones en los sitios de Internet, PowerKids Press ha desarrollado una guía on-line de sitios relacionados al tema de este libro. Nuestro sitio web se actualiza constantemente. Por favor utiliza la siguiente dirección para consultar la lista:

http://www.buenasletraslinks.com/tah/trensp/

Índice

A
Atlantic, 6–7
C
caballo, 5
D
diesel, 19
E
electricidad, 20
F
fogonero, 9

L
locomotora de vapor,
6, 8, 18
M
maquinista, 9
metro, 20
R
rieles, 4–5, 10

Número de palabras: 300

Nota para bibliotecarios, maestros y padres de familia

Si leer es un reto, ¡Reading Power en español es la solución! Reading Power es ideal para lectores hispanoparlantes que buscan un nivel de lectura accesible en su propio idioma. Ilustrados con fotografías, estos libros presentan la información de manera atractiva y utilizan un vocabulario sencillo que tiene en cuenta las diferencias lingüísticas entre los lectores hispanos. Relacionando claramente texto con imágenes, los libros de Reading Power dan al lector todo el control. Ahora los lectores cuentan con el poder para obtener la información y la experiencia que necesitan en un ameno formato completamente ¡en español!

Note to Librarians, Teachers, and Parents

If reading is a challenge, Reading Power is a solution! Reading Power is perfect for readers who want high-interest subject matter at an accessible reading level. These fact-filled, photo-illustrated books are designed for readers who want straightforward vocabulary, engaging topics, and a manageable reading experience. With clear picture/text correspondence, leveled Reading Power books put the reader in charge. Now readers have the power to get the information they want and the skills they need in a user-friendly format.